PRIÈRES
DE POCHE
pour les **PAPAS**

Texte biblique de la Bible Version Segond 21
Copyright © 2007 Societe Biblique de Geneve
Reproduit avec aimable autorisation. Tous droits reserves.

Published by arrangement with Thomas Nelson, a division of HarperCollins Christian Publishing, Inc.

© 2016 Max Lucado

www.iCharacter.eu
ISBN 978-1-63474-000-5
Texte : Max Lucado et Mark Mynheir
Prières traduites de l'original anglais par Thierry Ostrini,
Introduction traduite par Berniris.

Publié par iCharacter Ltd. 6-9 Trinity Street, Dublin 2, Irlande.

Loi n° 49-956 du 16 juillet 1949 sur les publications destinées à la jeunesse. Dépôt légal août 2016.

Version française : Copyright © 2016 iCharacter Ltd.
Tous droits réservés.
Imprimé en Pologne - Bernardinum.

Vous trouverez également nos livres sur
iBookstore, Kobo, Kindle, Google Play.

Rendez-nous visite sur le site : www.iCharacter.eu

PRIÈRES DE POCHE

pour les PAPAS

40 prières simples
POUR LA FORCE ET LA FOI

MAX LUCADO
MARK MYNHEIR

THOMAS NELSON®
Since 1798
thomasnelson.com

www.iCharacter.eu

La prière de poche

Bonjour, je m'appelle Max. En ce qui concerne la prière je suis encore, à peu de chose près, une mauviette. Quand je prie, je m'assoupis. Mes pensées n'arrêtent pas de faire des zigzags. Les distractions grouillent comme des moucherons par une nuit d'été. Si le trouble déficitaire de l'attention s'applique à la prière, j'en suis affligé. Quand je prie, je pense à mille et mille choses que je dois faire. J'oublie la seule chose que j'étais venu faire : prier.

Certains excellent. Ils inhalent le ciel puis exhalent Dieu. Ils appartiennent à l'Unité des Forces Spéciales d'Intercession. Ils préfèrent prier que dormir. Moi, pourquoi est-ce que je dors quand je prie ? Eux appartiennent à l'AGP: l'Association des Géants de la Prière. Moi, je suis détenteur d'une carte du MPA : Mauviettes de la Prière Anonyme.

Est-ce que ça vous dit quelque chose ? Ce n'est pas qu'on ne prie pas du tout. On prie tous un peu.
On prie sur les oreillers trempés de larmes.
On prie dans les grandes liturgies.
On prie au spectacle des oies qui volent.
On prie en récitant les bonnes prières d'antan.
On prie pour rester sobre, rester concentré, pour payer ses dettes.
On prie quand la tumeur s'avère maligne.
Quand on n'arrive pas à boucler ses fins de mois.
Quand le bébé attendu tarde à donner ses coups de pied.
On prie tous... un petit peu.

Mais est-ce qu'on n'aimerait pas tous... Prier davantage ?
Prier Mieux ?
De manière plus forte ?
Plus intense ?
Avec plus de feu, plus de foi, plus de ferveur ?

Mais on a des enfants à nourrir, des factures à payer, des délais à respecter.

Les impératifs de notre agenda se jettent sur nos bonnes intentions, comme le tigre sur un lapin. On veut prier, mais quand?

On veut prier, mais pourquoi ? On ferait aussi bien de l'admettre : la prière est pour nous quelque chose d'étrange, de bizarre. On parle dans le vide. On envoie des mots dans le ciel. On a déjà du mal à obtenir les opérateurs du câble, mais Dieu, Lui, nous répondrait ? Le médecin est trop occupé, mais Dieu ne le serait pas ? Nous nourrissons des doutes sur la prière.

Et puis, notre expérience de la prière est loin d'être un long fleuve tranquille : attentes déçues, requêtes restées sans réponse. C'est à peine si nous pouvons faire une génuflexion à cause de nos cicatrices aux genoux. Dieu apparaît à certains comme le grand briseur de cœurs. Pourquoi nous entêter à jeter les pièces de monnaie de nos profondes aspirations dans une fontaine qui demeure silencieuse ? Il m'a plaqué une fois... mais pas deux.

Oh, quelle étrange énigme que la prière !

Nous ne sommes pas les premiers à nous débattre avec elle. La feuille d'inscription au b.a.-ba de la prière fait état de quelques noms bien connus : les apôtres Jean, Jacques, André et Pierre. Lorsque l'un des disciples de Jésus lui a demandé : « Seigneur, apprends-nous à prier » (Luc 11:1), aucun des autres n'a rien eu à objecter. Aucun n'est parti en disant : « Hé, la prière, ça me connaît. » Les premiers disciples avaient besoin qu'on leur montre comment prier. En fait, le seul « tutoriel » qu'ils aient jamais requis concernait la prière. Ils auraient pu demander des conseils sur plein de sujets : comment multiplier les pains, comment faire des discours, comment calmer les tempêtes. Jésus ressuscitait les morts, mais pas de trace de séminaire sur « comment vider les cimetières ? » Par contre, ça, ils voulaient savoir : « Seigneur, apprends-nous à prier ».

Se pourrait-il que leur intérêt ait un rapport avec les formidables et stupéfiantes promesses que Jésus attachait à la prière ? « Demandez et il vous sera donné » (Matthieu 7:7). « Si vous croyez, vous obtiendrez tout ce que vous demandez dans la prière » (Matt 21:22).

Jésus n'a jamais associé un tel pouvoir à d'autres efforts. « Faites des plans et il vous sera donné... Travaillez, et vous obtiendrez tout ce que vous voudrez. » On ne trouve pas ce genre d'affirmations dans la Bible. Mais, par contre, on trouve celle-ci : « Si vous demeurez en moi et suivez mes enseignements, vous demanderez tout ce que vous voulez, et il vous sera donné » (Jean 15:7).

Jésus nous a laissé de stupéfiantes promesses sur la prière.

Et l'exemple qu'il nous a donné est convainquant. Jésus a prié avant de manger. Il a prié pour les enfants. Il a prié pour les malades. Il a prié en rendant grâce. Il a prié avec des larmes. C'est lui qui avait créé les planètes et les étoiles, et pourtant il a prié. Il est le Seigneur des anges et le chef des armées célestes, et pourtant il a prié. Il est égal à Dieu, la représentation exacte du Dieu très Saint, et pourtant il s'est adonné à la prière. Il a prié dans le désert, dans un cimetière, dans un jardin. « Il sortit et se rendit dans un lieu solitaire ; et là il priait » (Marc 1:35).

On peut facilement imaginer ce genre de dialogue dans le cercle de ses amis :

- Quelqu'un a-t-il vu Jésus ?

- Oh, tu sais, il fait « comme d'hab. »

- Encore en train de prier ?

- Ouais. On ne l'a pas vu depuis le lever du soleil.

Il arrivait même à Jésus de s'éclipser toute la nuit pour prier. Je pense à une occasion en particulier. Il venait de vivre l'une des journées les plus stressantes de son ministère. Le jour avait commencé par l'annonce de la mort de son cousin Jean-Baptiste. Jésus cherchait à se retirer dans un coin tranquille mais voilà qu'une foule de gens s'était mise à le suivre. Il avait le cœur gros, mais cela ne l'a pas empêché de passer la journée à enseigner et à guérir. Quand il s'avéra qu'ils n'avaient rien à manger, Jésus multiplia les pains et nourrit la multitude. En l'espace de quelques heures, il dut lutter contre la peine, le stress, les sollicitations et les besoins multiples. Alors qu'il aurait mérité une bonne nuit de sommeil.

Pourtant, quand le soir finalement arriva, il renvoya la foule et dit aux disciples d'embarquer, tandis que lui « montait sur la montagne pour prier » (Marc 06:46).

Apparemment, c'était le bon choix. Une tempête se déchaina sur la mer de Galilée, laissant les disciples « en difficulté loin de la terre, car un vent fort s'était levé, et ils devaient lutter contre d'énormes vagues. Vers trois heures du matin, Jésus vint vers eux, marchant sur l'eau » (d'après Matt. 14: 24- 25).

Jésus avait gravi la montagne épuisé, il en redescendait revigoré. En atteignant l'eau, pas question de ralentir. Qu'est-ce qui vous fait penser que la mer était d'huile et la tempête une brise de printemps ?

Se pourrait-il que les disciples aient fait la connexion entre prière et puissance ? « Seigneur, apprends-nous à prier comme ça. Apprends-nous à trouver la force dans la prière. À bannir la peur dans la prière. À défier les tempêtes dans la prière. À quitter la montagne de la prière avec l'autorité d'un prince. »

Qu'en est-il de vous ? Les disciples étaient confrontés aux vagues en furie et au risque de voir la mer devenir leur sépulture. Vous êtes confrontés à des clients en colère, à une économie turbulente et aux flots déchainés du stress et de la douleur.

« Seigneur, supplions-nous encore, apprends-nous à prier. »

Quand les disciples lui ont demandé de leur apprendre à prier, il leur a donné une prière. Pas un sermon sur la prière. Pas une doctrine de la prière. Il leur a donné une prière qu'ils pourraient réciter ou répéter, une prière « de poche » en quelque sorte (Luc 11:1-4).

Pouvez-vous l'utiliser ? Il me semble que les prières de la Bible pourraient se réduire à une seule. Cela donnerait une prière simple, facile à retenir, une prière de poche :

Père,

tu es bon.

J'ai besoin d'aide. Guéris-moi et pardonne-moi.

Ils ont besoin d'aide.

Merci.

Au nom de Jésus, amen.

Que cette prière rythme votre journée ! Quand vous commencez votre journée : "Père, tu es bon". Quand vous vous rendez au travail ou marchez dans les couloirs à l'école : "J'ai besoin d'aide". Quand vous faites la queue à l'épicerie : "Ils ont besoin d'aide". Gardez cette prière en poche tout au long de la journée.

Lorsque nous invitons Dieu dans notre monde, il vient. Il nous apporte une foule de cadeaux : la joie, la patience, la persévérance. Les angoisses viennent, mais elles ne collent pas à la peau. Les craintes apparaissent, puis s'en vont. Les regrets atterrissent sur le pare-brise, mais se trouvent effacés par l'essuie-glace de la prière. Le diable continue de me tendre les pierres de la culpabilité, mais je me retourne pour les remettre au Christ. Je termine ma sixième décennie, mais je déborde d'énergie. Je suis plus heureux, plus optimiste que jamais, en meilleure santé. Certes, les difficultés sont au rendez-vous. Mais Dieu aussi.

La prière n'est pas l'apanage des pieux, ni l'art de quelques élus. La prière est tout simplement un cœur à cœur entre Dieu et son enfant. Mon ami, il veut vous parler. Maintenant même, alors que vous lisez ces mots, il frappe à votre porte. Ouvrez-lui. Accueillez-le. Que la conversation s'engage !

La prière n'est pas l'apanage des pieux, ni l'art de quelques élus. La prière est tout simplement un cœur à cœur entre Dieu et son enfant.

Prières pour la foi et la famille

1

*Le nom de l'Éternel est une tour forte ;
le juste s'y réfugie, et se trouve en sûreté.*

Proverbes 18:10

Seigneur bien aimé, tu es une tour solide et une puissante forte- resse pour ton peuple. Nul ne peut tenir face à toi.

Rappelle-moi de me réfugier près de toi chaque jour. Bien trop souvent je m'appuie sur mes propres forces en pensant que je suis le seul à pouvoir protéger ma famille et leur épargner toute situation trop difficile. C'est impossible, toi seul le peux.

Soutiens ma foi afin que j'affermisse ma confiance en toi pour nos besoins et pour notre protection.

Tout au long de la journée, c'est de cette protection que ma famille a besoin. Spirituellement et matériellement.

De grâce, Seigneur, sois cette tour fortifiée – solide – pour chacun d'entre nous. Guide-nous afin que nous nous confiions en toi plutôt qu'en nous-mêmes. Merci Seigneur d'être ma protection et mon bouclier dans les moments difficiles.

En ton Nom précieux je prie, amen.

2

J'ai été crucifié avec Christ ; et si je vis, ce n'est plus moi qui vis, c'est Christ qui vit en moi ; si je vis maintenant dans la chair, je vis dans la foi au Fils de Dieu, qui m'a aimé et qui s'est livré lui-même pour moi.

Galates 2:20

Père céleste, plein de grâce et riche en miséricodrde, c'est par ton amour et le sacrifice de ton Fils à la croix que je suis sauvé.

J'ai besoin de ton aide pour comprendre pleinement la mesure de cette vérité et de la vie qui en découle. Permets que je puisse l'exprimer.

Je désire te suivre et ne jamais oublier ou considérer comme acquis le fait que tu as offert ton Fils à la croix et qu'il a donné sa vie en rançon pour ma vie.

Accompagne-moi chaque jour dans ce processus de mort à ces choses qui me retiennent encore de la plénitude dans notre relation. Aide-moi quotidiennement à vivre par la foi en donnant ainsi un exemple à tous les membres de ma famille.

Aide-les, eux-mêmes, à vivre par la foi et à fixer leurs regards sur toi, et sur toi seul, pour leur propre salut. Accompagne mes enfants afin que leur cœur s'attache au tien chaque jour.

Merci de l'attention que tu portes à ma famille et à moi-même et merci pour le don précieux de ton Fils.

En son Saint Nom, amen.

3

Et il dit : " Viens ! " Pierre sortit de la barque et marcha sur les eaux pour aller vers Jésus. Mais, voyant que le vent était fort, il eut peur ; et, comme il commençait à enfoncer, il s'écria: " Seigneur, sauve-moi ! "

Matthieu 14:29–30

Dieu tout puissant. C'est toi qui maîtrise toute chose. La nature et sa puissance n'échappe pas à cette divine règle : tout repose en ta sûre main. C'est une certitude.

Bien souvent, je me surprends à me comporter comme l'apôtre Pierre. Les bonnes intentions du début font rapidement place à la crainte et au découragement, et je me retrouve balloté dans ma foi. Je désire ardemment te suivre, sans chanceler, avec force et confiance, et demeurer en toi dans la conformité des plans que tu as pour ma vie. Affermis ma foi.

Guide-moi, je te prie, afin que je sois armé lorsque les intempéries de la vie surviennent. Aide-moi à garder mes yeux fixés sur toi et mon cœur en ta présence, attaché fermement à ta personne. Ainsi, la crainte et le doute n'auront pas d'emprise.

Accompagne ma famille, aujourd'hui, quelle que soit l'intensité des orages qui surviennent. Que chacun apprenne à garder son regard sur toi, constamment, afin qu'il ne vacille pas dans sa foi. Bénis chacun de la paix qui vient de toi, et de toi seul.

Merci de nous aider à garder la tête haute dans les saisons où le trouble et la souffrance sont à nos portes.

Au Nom de ton Fils, amen.

4

Je sais vivre dans l'humiliation, et je sais vivre dans l'abondance. En tout et partout j'ai appris à être rassasié et à avoir faim, à être dans l'abondance et à être dans la disette. Je puis tout par celui qui me fortifie.

Philippiens 4:12–13

Père, les circonstances de nos vies te sont soumises : à chaque battement de cœur, à chaque inspiration, tu es là. Ta majesté et ta puissance ne connaissent aucune limite.

Le contentement et le fait d'être pleinement satisfait de ma vie ne m'apparaissent pas toujours comme une évidence : je lutte parfois avec cette idée. Je constate, bien plutôt, une tendance à me plaindre de ceci, de cela. Je me mets à désirer ce que je n'ai pas, et j'oublie de me réjouir de ce que j'ai. Corrige, je te prie, ce travers en moi, et aide-moi à trouver la satisfaction dans le bonheur de t'appartenir et dans la jouissance des nombreux bienfaits que tu m'accordes.

Permets à ma famille de ne pas courir après ce que le monde nous présente comme indispensable au bonheur. Qu'il lui soit donné de pouvoir résister à la tentation de s'y conformer. Conduis le cœur de chacun, aujourd'hui, dans sa quête d'une satisfaction durable, en toi.

Merci d'étancher notre soif spirituelle et de réconforter notre âme.

Au Nom du Christ, amen.

5

Rendez grâces en toutes choses, car c'est à votre égard la volonté de Dieu en Jésus-Christ.

1 Thessaloniciens 5:18

Seigneur bien aimé, par la toute puissance de ta Parole, les montagnes se déplacent et la vie se donne. Et dans la même souveraineté, tes regards se posent sur moi et sur ma famille.

Quelle grâce : tu nous appelles, chacun, par le nom que tu nous a donné. Père, ne me laisse pas être oublieux de la gratitude qui t'est due, au milieu de tous les bienfaits que tu dispenses dans ma vie, généreusement, chaque jour. Tout ! De l'air que je respire à ma propre existence, je te suis redevable de tout. Il est tellement plus naturel pour moi de passer la journée sans y penser, ou en considérant chaque chose comme acquise : de grâce, pardonne-moi. Transforme mon cœur, change mon attitude.

Donne à ma famille, aujourd'hui encore, un esprit de reconnaissance et de gratitude. Aide-la à découvrir, chaque jour que tu fais, les multiples raisons de te rendre grâce. Merci Seigneur pour ma vie et pour ma famille. Merci pour la joie, la paix et ta divine providence.

Merci pour chaque occasion que tu nous donnes de partager tes bienfaits et de dispenser ta grâce et la splendeur de ton Nom autour de nous. Et merci, surtout, pour ton amour.

Au Nom de Jésus, amen.

6

*Ainsi ils ne sont plus deux, mais ils sont une seule chair.
Que l'homme donc ne sépare pas ce que Dieu a joint.*

Matthieu 19:6

Notre Père qui es au cieux, aucun mal ne te résiste. En ta sainte présence, aucune manœuvre de l'ennemi n'aboutit. Ses stratégies sont impuissantes. Tu es un rocher solide, le bouclier de ton peuple.

Protège mon mariage. Je suis constamment assailli par de nouvelles tentations ; toutes sortes de choses qui cherchent à nous diviser ma femme et moi. Répands, je te prie, ton amour au milieu de nous, afin que les promesses que nous nous sommes faites, l'un à l'autre, ainsi que celles qui nous lient à toi, demeurent fermes et solides. Garde-nous de ces forteresses que l'ennemi s'acharne à vouloir dresser au sein de notre union. Que mes actes et mes paroles soient utiles entre tes mains pour renforcer ce lien sacré plutôt que de lui nuire.

Bénis mon épouse aujourd'hui. Que ton amour l'entoure, la protège et l'encourage. Qu'elle puisse toujours se concentrer sur sa relation à toi, et sur nous, à travers toi. Merci pour notre union. Merci de lui prodiguer ton attention et ta bienveillance comme jamais je ne serais en mesure de le faire. Merci de me donner la force d'honorer et de chérir mon épouse.

Dans le Nom de ton Fils, amen.

7

Qui peut trouver une femme vertueuse ? Elle a bien plus de valeur que les perles.

Proverbes 31:10

Père, Tout-Puissant, tu es juste et saint, Éternel.

Guide-moi, chaque jour, vers une appréciation sans limite pour mon épouse. Elle porte tant sur ses épaules. Je lui dois d'être toujours là pour nos enfants lorsque je suis appelé loin d'eux. La bénédiction de sa présence à mes côtés est immense.

Je crains parfois de ne pas lui témoigner tout l'amour et le respect nécessaires. Donne-moi, Seigneur, un cœur aimant pour ma femme, un cœur qui l'honore et qui puisse lui communiquer constamment la reconnaissance que j'ai pour ce qu'elle est pour moi et pour toute la famille.

Aide-moi à être le mari après lequel elle soupire, celui qu'elle désire et qu'elle mérite, et dont elle a besoin. Merci pour l'épouse merveilleuse que tu m'as donnée. Elle est véritablement un cadeau du Ciel. Un don précieux de ta part.

Dans le saint Nom de Jésus, amen.

Prières pour le courage et la force

8

*Car je n'ai point honte de l'Evangile : c'est la puissance
de Dieu pour le salut de quiconque croit.*

Romains 1:16

Seigneur, par ton Nom seul tu apportes le salut à l'humanité. Ton amour infaillible a établi le pont entre toi et nous. C'est lui qui conquiert toute chose. Aide-moi à être téméraire dans ma foi et sans timidité ni honte quant au fait de te suivre, afin d'être en mesure de parler librement de toi. Que le courage et la confiance soient sans cesse tangibles et convaincants dans mon audace et ma dépendance à ton esprit.

Multiplie les occasions de pouvoir témoigner de ton amour dans la vie de mes amis et collègues de travail, et donne-moi la force de tenir ferme en toi et pour toi. Apprends-moi à être ce modèle et cet exemple pour mes enfants.

Bénis ma famille pour qu'ils te connaissent et désirent parler de toi aux autres. Donne-leur de te servir avec joie et enthousiasme. Remplis notre maison de ta force et de ton courage.

Merci d'affermir notre cœur et notre résolution à te suivre sans crainte ni tremblement.

Dans le Nom de ton Fils, amen.

9

L'Éternel est près de tous ceux qui l'invoquent, de tous ceux qui l'invoquent avec sincérité.

Psaume 145:18

Dieu bien aimé, tu es l'alpha et l'oméga. Le commencement et la fin de toute chose. Tout l'honneur et toute la louange te sont dus.

Même si parfois je me sens très loin de ta grandeur, aide-moi à me souvenir que tu es toujours là, à mes côtés. Aide-moi également à t'invoquer sans cesse, et en vérité : que mon cœur, sans partage, soit constamment à ta recherche.

Je te suis reconnaissant de ne pas être voué à moi-même, en ce bas monde et dans cette vie. Merci d'être avec moi. Que ma famille s'approche de toi aujourd'hui encore. Fais-leur la grâce de ta présence. Attire-les à toi. Incite mes enfants à faire toujours appel à toi. Qu'ils comptent sur toi en toute chose et qu'ils apprennent à te prier.

Merci d'avoir choisi de partager notre quotidien et de nous aimer inconditionnellement. Je te loue de ce que tu es l'instigateur de ce lien qui nous unit et de ce que tu l'as désiré.

Au Nom de Jésus, amen.

10

L'Éternel est ma lumière et mon salut : de qui aurais-je crainte ? L'Éternel est le soutien de ma vie : de qui aurais-je peur ?

Psaume 27:1

Père, tu es la lumière du monde et l'espérance de tous les peuples. Tu affermis le cœur qui te cherche et qui t'es consacré. Tu es notre espoir et notre salut.

Tranquillise mon cœur aujourd'hui encore. Calme mes craintes et bannis le souci hors de moi. Permets que je me concentre sur ce qui a du prix à tes yeux : ce qui est essentiel. Il m'arrive de m'attacher à des choses sans importance qui n'ont que peu d'incidence sur ma vie, au regard de ton salut notamment. Aide-moi à me reposer sur tes promesses et à t'accorder pleinement ma confiance.

Éclaire de ta lumière les sentiers de mon épouse et de mes enfants à chaque heure de la journée. Lorsqu'ils s'attellent à leurs tâches et qu'ils s'en préoccupent, qu'ils puissent garder en mémoire tout l'amour et l'attention que tu leur portes.

Merci de nous épargner le souci et la crainte d'être acculés dans notre vie à une quelconque extrémité : tu prends soin du moindre détail autant que de l'ensemble de notre existence.

Dans le Nom de ton Fils, amen.

11

Ce n'est ni par la puissance ni par la force, mais c'est par mon Esprit, dit l'Éternel des armées.

ZACHARIE 4:6

Père, c'est par ton esprit que le monde fut créé et qu'il subsiste encore aujourd'hui. C'est également par ton esprit que tu conduis ton peuple. Je loue ton saint Nom.

Alors que les craintes, les peurs, les obstacles et les tentations jalonnent ma route, merci de me permettre de garder ma confiance en toi. Indique-moi les passages de l'Écriture qui me donneront le courage et la force de faire face à ce qui m'attend aujourd'hui. Donne-moi l'humilité nécessaire pour que je demeure, simplement, à ton écoute et que j'obéisse à tes voies.

Dirige ma femme et mes enfants aujourd'hui encore. Manifeste, en eux, ta grâce et ta sagesse. Protège-les, et donne leur la paix dans la confiance qu'ils ont placée en toi et qu'ils mettent en pratique chaque jour. Merci de nous avoir donné ton esprit pour nous conduire, nous consoler et nous protéger en toute occasion.

Merci de l'amour que tu témoignes à ma famille, au delà de mes capacités à le leur manifester.

Au Nom de Jésus, amen.

12

Je vous ai dit ces choses, afin que vous ayez la paix en moi. Vous aurez des tribulations dans le monde ; mais prenez courage, j'ai vaincu le monde.

Jean 16:33

Dieu, ta paix surpasse notre entendement et tu renouvelles tes bienfaits chaque matin. Ta majesté environne et soutient toute chose.

Je me sens aujourd'hui comme un homme pressé de toute part, à la limite de ce que je suis capable de supporter. Je me sens pris au piège d'un monde que rien ne semble dompter : les soucis et la crainte m'environnent à chaque instant. Merci de me donner la paix et l'assurance de la victoire, à la croix, sur mes préoccupations de ce jour. Pardonne-moi de ne pas t'accorder toujours une confiance sans limite et selon ta volonté. Affermis ma foi.

Approche tes pas de ceux de ma famille aujourd'hui. Que mes enfants ne soient ni apeurés ni attristés face aux obstacles que la vie leur réserve. Entoure-les de tes bras et calme leur crainte ; permets que leur cœur ne chancelle pas sous la pression ou l'anxiété.

Je te remercie de ce que tout problème à venir, toute menace et toute opposition future sont d'ores et déjà sous le règne de ta victoire. Je te suis infiniment reconnaissant de l'encouragement que sont ta Parole et tes promesses dans ma vie.

Dans le Nom de ton Fils, amen.

13

Nous savons, du reste, que toutes choses concourent au bien de ceux qui aiment Dieu, de ceux qui sont appelés selon son dessein.

ROMAINS 8:28

Dieu tout puissant et bien aimé. tu as ordonné toute chose en ce bas-monde : chaque instant de chaque vie. Tu sais tout. Tout est sous ton contrôle. Tout t'est soumis.

Aide-moi à me souvenir, aujourd'hui, que ce qui survient, même douloureux, imprévisible ou troublant, n'a de sens que parce que tu l'as autorisé. Pour mon bien. Pour m'édifier, me construire et me fortifier. Que toute chose me soit profitable, à travers la difficulté ou les défis constants, quelles que soient les circonstances, et que je puisse toujours y faire face avec une attitude appropriée.

Enseigne-le aussi à mes enfants : qu'ils puissent apprendre et connaître qui tu es ainsi que le bien constant que tu désires pour leur vie et auquel tu les destines. Conduis-les dans leur cheminement et dans la prière à travers les bons et les mauvais jours. Qu'ils soient forts dans leur foi.

Merci du canevas que forment les circonstances et les événements de nos vies, et merci de ce qu'ils ont pour but de nous faire entrer pleinement dans la perfection de tes plans. Je te remercie de ce que ma famille n'échappe pas à cette règle.

Au Nom du Christ, amen.

14

Moi et ma maison, nous servirons l'Éternel..

Josué 24:15

Seigneur, tu es tout puissant et tu connais toute chose. Le ciel est ton trône et la terre, ton marche-pied.

Je me demande parfois si j'enseigne ma famille comme il se doit. Si je leur parle de toi de la bonne manière. Apprends-moi à être un homme selon ton cœur, afin d'être un père et un époux conforme à ta volonté. Détruis tout obstacle qui se dresserait contre cette identité.

Démontre l'évidence de la supériorité de tes voies à mes enfants, à ma famille. Crée en eux le désir de te suivre afin qu'ils puissent être conduits dans la plénitude de l'amour, de tout leur cœur, de toute leur âme et de toute leur pensée.

Je te suis reconnaissant de pouvoir intercéder en leur faveur devant toi. Merci de veiller sur eux et de leur accorder une attention toute particulière. Merci de les conduire à toi.

En ton Saint Nom, amen.

Prières pour la direction et la sagesse

15

Jésus, qui savait que le Père avait remis toutes choses entre ses mains, qu'il était venu de Dieu, et qu'il s'en allait à Dieu, se leva de table, ôta ses vêtements, et prit un linge, dont il se ceignit. Ensuite il versa de l'eau dans un bassin, et il se mit à laver les pieds des disciples, et à les essuyer avec le linge dont il était ceint.

Jean 13:3–5

Seigneur, bien que la majesté et la toute puissance soient à jamais associées à ton Nom, tu inclines cependant ton cœur envers nous, jusqu'à nous servir. Ton amour, ta miséricorde et ta grâce dépassent la compréhension.

Lorsqu'il est question de prendre le pas, d'assumer une décision, une direction à prendre, dans le cadre familial ou dans d'autres contextes, permets que j'aie toujours à l'esprit cette parole : Roi-serviteur, donne-moi un cœur conforme au tien. Garde mon esprit humble, pour que je désire servir comme toi tu as servi, et être un guide, comme tu l'as été. Ne permets pas que je me fasse une trop haute opinion de moi-même. Si je dois être un modèle, que ce soit celui de la modestie.

Que l'humilité soit répandue autour de moi afin que mes enfants puissent suivre ton exemple. Ne les laisse pas s'enorgueillir : qu'ils ne se préoccupent pas, outre mesure, de leur propre intérêt ou de leur désir.

Grande est ta puissance, Seigneur. Merci de ce que ta douceur envers nous n'est pas moins grande. Je te suis reconnaissant des nombreux aspects de ta personne par lesquels tu te manifestes à nous.

Dans le Nom de Jésus, amen.

16

Éternel ! fais-moi connaître tes voies, enseigne-moi tes sentiers. Conduis-moi dans ta vérité, et instruis-moi ; car tu es le Dieu de mon salut, tu es toujours mon espérance..

Psaume 25:4–5

Dieu, tes voies sont justes et véritables. Tes décrets insufflent la vie au peuple que tu t'es choisi. C'est toi, Seigneur, qui le diriges, aujourd'hui et à jamais.

Je ne me suis pas accordé beaucoup de temps, ces derniers jours, pour me plonger dans ta Parole, je dois le confesser. Je désire mieux te connaître et suivre tes voies : être, pour ma famille, à l'image du guide que tu es dans ma vie, et pour mon foyer, un intendant attentif et bien intentionné, à l'écoute de ton cœur et de tes instructions. Aide-moi à être assidu dans l'étude de ta Parole, et discipline mon oreille à ta voix. Montre-moi comment faire, Seigneur.

Puisses-tu ouvrir les yeux de mes enfants aujourd'hui. Ils grandissent rapidement : leur autonomie ira, bientôt, en augmentant chaque jour un peu plus. Incline leur cœur vers toi maintenant, et que leur vie se prolonge dans tes voies.

Merci de nous avoir donné ta Parole afin d'apprendre à te connaître. Merci de nous protéger de nous-même par tes instructions et tes ordonnances.

En ton Saint Nom, amen.

17

Confie-toi en l'Éternel de tout ton cœur, et ne t'appuie pas sur ta sagesse ; reconnais-le dans toutes tes voies, et il aplanira tes sentiers.

Proverbes 3:5–6

Notre Père qui es aux cieux, tu es le même aujourd'hui et à jamais. L'amour et la sainteté qui sont en toi ne font l'objet d'aucune variation.

J'éprouve, pourtant, une réelle difficulté à te faire confiance dans tous les domaines de ma vie. Je ressens constamment le besoin de contrôler chaque situation et de résoudre, par moi-même, les problèmes. Pardonne-moi. Aide-moi à rechercher tes voies en priorité et à identifier ton action, ton oeuvre et ta personne dans ma vie. Avoir ton regard, ta sagesse et ton éclairage dans tout ce que je fais est mon voeu le plus cher.

Bénis ma femme et mes enfants aujourd'hui. Nous te louons : c'est toi qui diriges nos vies. Trace un sentier pour chacun d'eux et guide-les jusqu'à toi. Affermis mon épouse dans sa confiance en qui tu es.

Je te suis reconnaissant pour elle et pour mes enfants. Merci pour le désir constant que tu manifestes à notre égard concernant nos progrès dans notre marche avec toi.

Au Nom du Christ, amen.

18

Et maintenant, est-ce la faveur des hommes que je désire, ou celle de Dieu ? Est-ce que je cherche à plaire aux hommes ? Si je plaisais encore aux hommes, je ne serais pas serviteur de Christ.

Galates 1:10

Dieu tout puissant, tu entends ma plainte et tu me consoles. Ton amour et ta grâce ont trouvé le chemin de mon cœur et s'y sont attachés. Les mots ne suffisent pas à t'exprimer ma reconnaissance d'être au nombre de tes enfants.

Il m'arrive parfois de me préoccuper davantage de ce que les gens peuvent penser de moi, plutôt que de ce que ta Parole déclare. Mes deux pieds me semblent être plantés à des lieues l'un de l'autre. Pardonne-moi, je te prie, et conduis-moi dans plus d'obéissance. Guide-moi dans tes voies, sans crainte ni tremblements. Que mon courage et ma force soient au service de la vérité et de ta Parole.

Imprègne mon épouse et mes enfants de confiance et de foi. Que ton oeuvre, au milieu de nous, ne soit altérée par aucune distraction, par aucun obstacle. Aide-nous à placer les bonnes priorités et à ne pas compromettre ta Parole, ni ce que nous savons être vrai, en aucune occasion.

Merci pour ta patience, pour ta grâce et pour les nombreux bienfaits dont nous jouissons chaque jour.

Dans le Saint Nom de Jésus, amen.

19

Paissez le troupeau de Dieu qui est sous votre garde, non par contrainte, mais volontairement, selon Dieu ; non pour un gain sordide, mais avec dévouement ; non comme dominant sur ceux qui vous sont échus en partage, mais en étant les modèles du troupeau. Et lorsque le souverain berger paraîtra, vous obtiendrez la couronne incorruptible de la gloire.

1 Pierre 5:2-4

Dieu, ton amour est juste et il bannit de nous la crainte et le péché. Ta volonté et tes pensées concourent inlassablement à notre bien. C'est toi le Père parfait et véritable. toi seul et nul autre.

Je veux être, pour mes enfants et pour ma femme, le père et l'époux que ton intention première a appelé à l'existence. Fais-moi la grâce de les accompagner, conformément à ta Parole et avec la douceur et la sagesse qui te caractérisent, dans leur marche avec toi. Garde-moi d'être en proie à l'égoïsme de mes désirs ou au dérèglement de mes propres décisions.

Dirige mes enfants alors qu'ils s'attellent à leur tâches. Que tes anges campent à leur côté. Incite leur cœur à s'apprécier et à s'aimer mutuellement, ainsi qu'à croître dans l'amour qu'ils portent à leur entourage. Qu'ils puissent considérer et apprécier la bénédiction que représente notre foyer dans leur vie.

Merci de m'enseigner, chaque jour, comment être à la tête de ce petit troupeau. Je te suis reconnaissant de m'assister de ton esprit et de ta Parole.

En ton Nom, amen.

20

Si quelqu'un d'entre vous manque de sagesse, qu'il la demande à Dieu, qui donne à tous simplement et sans reproche, et elle lui sera donnée.

JACQUES 1:5

Père céleste, tu as la puissance d'apporter la vie là où se trouve la mort. Tu insuffles en nous ton propre esprit. Tu es seul et unique à être véritablement Dieu.

En formulant cette certitude liée à ta Parole et à tes promesses, je te prie qu'elle illumine mon chemin. Je recherche humblement ta sagesse : qu'elle guide ma vie et qu'elle me soit donnée dans mes responsabilités familiales ainsi que dans l'exercice de mon activité professionnelle. Je te prie également de me donner la compréhension de ce qu'est le véritable service, selon toi, afin que je puisse l'accomplir de tout mon cœur, de toute ma pensée, de toute mes forces, à travers tous les talents que tu as placés dans ma vie.

Ma femme et mes enfants soupirent également après ta sagesse : ils désirent, tout comme moi, que tu sois leur guide. Bénis-les de ta grâce ainsi que de la compréhension de tes voies.

Au Nom de Jésus, amen.

Prières pour la patience et l'équilibre

21

Espère en l'Éternel ! Fortifie-toi et que ton cœur s'affermisse ! Espère en l'Éternel !

Psaume 27:14

Seigneur du ciel et de la terre, tu es lent à la colère et tes compassions durent à jamais. Tu interviens à propos et en temps utile, et toutes tes voies sont justes.

Pardonne mon impatience et mon manque de foi quant au fait que tu diriges mes pas. Procure la paix à mon cœur et apprends-lui à se satisfaire de ton timing et de tes directions dans tous les domaines de ma vie. Aide-moi à te soumettre mon désir de vouloir tout maîtriser et apprends-moi plutôt à attendre et à écouter tes paroles.

Qu'un souffle de paix et de tranquillité nous parvienne de ta part aujourd'hui, et que ma famille puisse bénéficier de tes soins, en cette douce présence qu'est la tienne. Que mes enfants avancent, pas à pas, vers une foi plus mature.

Merci d'accomplir, au milieu de nous, ce qu'il y a de meilleur, en ton temps et non le nôtre, et merci d'avoir tes regards sur nous constamment.

Dans le Nom de Jésus, amen.

22

*Car je connais les projets que j'ai formés sur vous,
dit l'Éternel, projets de paix et non de malheur, afin
de vous donner un avenir et de l'espérance.*

JÉRÉMIE 29:11

Seigneur, tu as appelé à l'existence le fondement du monde et l'immensité des cieux.

Il y a des jours où l'espérance semble à des années lumière de ma réalité quotidienne : tout paraît m'échapper et nul n'a l'air de s'en soucier. Aide-moi à combattre ce sentiment et à m'appuyer sur tes promesses : oui, tu as un plan pour moi, et oui, c'est un plan parfait.

Ravive au sein de ma famille cette certitude pour chacune de nos vies. Rassure chacun sur le fait que tu contrôles toute situation, et que tout ce que tu fais est bon. Procure à l'esprit de mon épouse le soulagement nécessaire et unis-nous dans notre recherche de ta volonté pour notre famille.

Merci de nous renouveler et de nous restaurer dans notre espérance. Je te suis reconnaissant de te préoccuper de nous et de tenir, précieusement, notre futur entre tes mains.

Dans le Nom de ton Fils, amen.

23

Mais ceux qui se confient en l'Éternel renouvellent leur force. Ils prennent leur vol comme les aigles ; ils courent, et ne se lassent point, ils marchent, et ne se fatiguent point.

Ésaïe 40:31

Mon Père, tu es souverainement capable d'accomplir tout ce que nous demandons ou imaginons. Tu es digne de toute gloire. Tout l'honneur te revient.

J'ai besoin de toi. Jour après jour, je ressens l'épuisement de mes forces et de mes désirs. Je fais tous les efforts possibles pour être un bon père, un bon époux, un bon chrétien, mais je m'use à la tâche. De grâce, renouvelle mes forces. Restaure en moi la passion et l'énergie qui étaient les miennes lorsque je découvrais le bonheur de te suivre, et donne-moi le désir de vivre la vie que tu as prévue pour moi.

Le tumulte de la vie semble parfois imposer à ma famille son rythme effréné. Il y a toujours un rendez-vous quelque part ou quelque chose à faire. Et l'église n'échappe pas toujours à cette règle: les services ou les fonctions qui nous incombent peuvent, parfois aussi, conduire à une forme d'épuisement. Accorde-nous un temps de rafraîchissement afin que ma famille et moi-même puissions te servir et servir autrui de la meilleure des manières.

Tu es une source de force et d'encouragements dans les périodes plus chaotiques de notre vie. Merci de l'omniprésence de ton secours.

Au Nom de Christ, amen.

24

Il y a un temps pour tout, un temps pour toute chose sous les cieux.

ECCLÉSIASTE 3:1

Père, nombreuses sont les merveilles que tu as accomplies : tes œuvres sont parfaites. Tu es grand et tu fais de grandes choses.

Je me disperse parfois et ma vie semble ne plus suivre son cours normal. Apprends-moi à bien définir mes priorités, à mettre au premier plan ma relation avec toi et mes responsabilités envers ma famille. Aide-moi à faire les choses dans l'ordre et à gérer mon temps et mes ressources intelligemment.

Renouvelle ma famille sur la manière que nous avons d'envisager notre planning. Il nous arrive d'être à ce point occupés que nous en oublions l'essentiel : notre attention se porte, dès lors et invariablement, sur ce qui est éphémère. Apporte la stabilité et l'équilibre dans notre foyer.

Je te remercie pour chaque saison de l'existence. Merci de te réjouir, avec nous, de tous les bienfaits que ta main prodigue.

Dans le Saint Nom de Jésus, amen.

25

Jésus leur dit: « Venez à l'écart dans un lieu désert, et reposez-vous un peu. »

MARC 6:31

Seigneur bien-aimé, ton repos est une bénédiction pour ceux qui invoquent ton nom. Tu es l'abri sûr, le réconfort et la consolation au cœur de la tempête. Tu es Celui qui es.

Je suis épuisé. Je m'escrime à travailler dur, à prendre soin de ma famille, à remplir mes obligations du mieux que je peux, tout ça pour finir en lambeaux. Montre-moi de quelle manière je peux honorer ton Sabbath et offrir un réel repos à mon corps, mon âme et mes pensées, afin d'être à même de te servir comme il convient dans mon travail, ma famille et mon couple, ainsi que je l'ai toujours souhaité.

Que ma famille puisse se souvenir, constamment, de ce que signifie réellement le fait de ralentir et de s'offrir une pause. Montre-leur qu'il n'est pas interdit de prendre un bain de jouvence et du temps à part, et aide-les à mettre ce temps à profit pour recentrer leur attention sur toi et sur la vie que tu offres.

Je te remercie de ce que, non seulement tu nous permets de nous reposer, mais que tu nous indiques aussi comment.

En ton Nom, amen.

26

*Au reste, frères, que tout ce qui est vrai,
tout ce qui est honorable, tout ce qui est juste,
tout ce qui est pur, tout ce qui est aimable,
tout ce qui mérite l'approbation,
ce qui est vertueux et digne de louange
soit l'objet de vos pensées.*

Philippiens 4:8

Père céleste, tu es la source de tout ce qui est beau, de tout ce qui est bon. Tu es à l'origine de la vie et de tout ce qui existe. Louange et gloire à ton Nom.

Je suis, trop souvent, happé par les aspects négatifs et déprimants de ce monde, et mes pensées s'éloignent de toi. Aide-moi à me concentrer sur les bonnes choses que tu dispenses chaque jour dans ma vie. Lorsque mes pensées dérivent vers la négative, rappelle-moi les aspects de ton caractère afin que mes enfants, notamment, puissent se réjouir de les voir en moi.

Ne laisse pas l'ennemi déformer leur vision de toi et de ton Royaume. En dépit des circonstances, qu'ils soient en mesure de voir la beauté de ton oeuvre dans leur vie.

Merci d'abreuver notre existence et notre monde de la magnificence de ton caractère. Je te suis reconnaissant de nous avoir donné la vision de ce que tu accomplis.

Au nom du Christ, amen.

27

Là où est ton trésor, là aussi sera ton cœur.

Matthieu 6:21

Père, ton Fils est le trésor le plus précieux qu'il nous a été donné de recevoir des cieux. Il est le don ultime, le Sauveur par excellence. Son Nom sera à jamais glorifié.

Il y a des choses, dans mon cœur, auxquelles j'accorde plus d'importance qu'à toi. Pardonne-moi. Restaure en moi le désir de te placer, toi et toi seul, au dessus de toute chose. Que ta sagesse et tes ordonnances soient ma priorité. Que mes trésors soient les dons parfaits que tu as en réserve pour moi, plutôt que les choses de ce monde.

Le cœur de mes enfants est encore malléable. Garde-les des pièges de ce monde. Guide-les, pas à pas, vers ta volonté parfaite pour leur vie. Que leur attention et leur priorité soient en accord avec ton cœur. Aide-moi à les éduquer dans ce sens.

Merci de faire le ménage dans le désordre de nos vies et de nous aider à porter nos regards sur toi. Tes merveilles insondables et tes bontés nous dépassent. Merci.

Dans le Nom de ton Fils, amen.

Prières pour la sainteté et l'intégrité

28

Aucune tentation ne vous est survenue qui n'ait été humaine, et Dieu, qui est fidèle, ne permettra pas que vous soyez tentés au-delà de vos forces ; mais avec la tentation il préparera aussi le moyen d'en sortir, afin que vous puissiez la supporter.

1 Corinthiens 10:13

Notre Père céleste, tu es fidèle et juste. Tes promesses s'étendent jusqu'à mille générations. Je te suivrai toujours.

La tentation et ses filets nous guettent à chaque coin de rue. Comme si la télévision, l'ordinateur et tout son éventail ne suffisaient pas, il y a la propre convoitise de mon cœur. Je bataille avec des désirs, des attitudes, des démarches contraires à ta volonté. Applique ta grâce et ton pardon dans ces domaines et donne-moi la victoire dans ce combat. Lorsque survient la tentation, donne-moi la sagesse et la force de passer outre. Ancre ta parole dans mon cœur afin que je poursuive sans relâche mes efforts, en toi, afin de vivre cette vie à laquelle tu m'appelles.

Garde mes enfants et mon épouse aujourd'hui. Tant de choses sollicitent leur attention. Garde-les des stratégies et des manigances du mal, et que le désir de leur cœur s'oriente sans cesse vers toi et ton bon plaisir.

Merci pour tes promesses de nous assister de ta grâce dans nos luttes et nos tentations. Merci de nous avoir laissé ta Parole comme guide.

Au Nom de Jésus, amen.

29

Louez l'Éternel ! Heureux l'homme qui craint l'Éternel, qui trouve un grand plaisir à ses commandements. Sa postérité sera puissante sur la terre, la génération des hommes droits sera bénie.

Psaume 112:1–2

Seigneur tout puissant, la profondeur de ta sagesse ne connaît pas de fin. L'ampleur de tes desseins dépasse l'entendement. Quelle magnificence ! Quelle grandeur ! Quelle force !

Aide-moi à dédier tout mon être à ta Parole et à tes décrets. Remplis-moi de ton Saint-Esprit et du désir de faire ta volonté en tout temps. Conduis-moi sur les sentiers de la justice et de l'intégrité afin que je sois cet homme, attaché à toi. Permets à mes enfants de pouvoir apprécier ta bénédiction.

Je souhaite ardemment voir mes enfants embrasser ce chemin de proximité avec toi : qu'ils puissent te suivre avec révérence et amour tout au long de leur vie. Sois miséricordieux à leur égard et donne-leur la grâce de te connaître.

Merci de nous donner la force et le courage de te suivre, même si parfois nous ne nous en sentons pas capables. Je te suis reconnaissant de ce que c'est ton Esprit Saint qui dirige mes pas.

Dans le Nom de ton Fils, amen.

30

Fuis les passions de la jeunesse, et recherche la justice, la foi, l'amour, la paix, avec ceux qui invoquent le Seigneur d'un cœur pur.

2 Timothée 2:22

Dieu, c'est toi qui rassemble ton peuple des quatre coins de la terre. Tu es le bon berger, la protection et le point de ralliement de ton troupeau.

Aide-moi dans ma bataille contre la convoitise. Je lutte dans le domaine de mes pensées et d'habitudes que je sais contraires au chemin que tu désires me voir prendre. Je me sens parfois démuni. Mets sur ma route un frère, solide dans sa marche avec toi, à qui je puisse rendre des comptes. Aide-moi à être victorieux dans ce combat.

Protège ma famille de forces destructrices qui pourraient lui nuire. Que mes enfants soient à l'abri ; garde leur cœur. Donne-nous, à ma femme et à moi-même, la sagesse nécessaire pour faire de notre maison un lieu de pureté et un environnement sécurisant.

Je te suis reconnaissant de nous avoir placés dans une communauté de croyants qui s'encouragent les uns les autres : pour cette raison et pour ta fidèle présence, merci de ce que je n'ai pas à combattre seul.

Au Nom de Jésus, amen

31

Exhorte les jeunes gens à être modérés, te montrant toi-même à tous égards un modèle de bonnes œuvres, et donnant un enseignement pur, digne, une parole saine, irréprochable, afin que l'adversaire soit confus, n'ayant aucun mal à dire de nous.

Tite 2:6–8

Père, tu ne nous traites pas selon nos voies ; bien au contraire, tu dispenses la grâce et la miséricorde, la patience et le pardon. L'expiation de toutes nos transgressions, en Christ, m'apprend sans cesse à demeurer dans l'humilité.

Que ton caractère et ta droiture coulent à travers moi. Il y a tant de personnes que je connais et avec qui je travaille qui ne te connaissent pas. Que ma conduite, mes actes, soient toujours en accord avec ma foi, afin qu'ils puissent te voir à travers moi. Multiplie les occasions de pouvoir leur manifester ton amour.

Que tes désirs et tes pensées imprègnent ma famille au quotidien: qu'ils soient toujours aux linteaux de nos portes. Guide mon épouse et mes enfants dans leur quête de tes plans pour leur vie, et sois avec eux aujourd'hui, alors que chacun vaque à ses occupations.

Merci de nous révéler ce qui est juste à tes yeux.

Dans le Nom de Jésus, amen.

32

*S'il est possible, autant que cela dépend de vous,
soyez en paix avec tous les hommes.*

Romains 12:18

Dieu tout puissant, c'est nous qui célébrerons l'abondance de tes bontés ; ce sont nos cris de joie qui retentiront au sujet de ta grâce infinie.

Garde-moi de la mesquinerie des conflits qui obstruent parfois le cours de ma vie et qui ne donnent pas une bonne image de toi. Aide-moi à être un artisan de paix. Indique-moi pour qui je peux œuvrer dans la réconciliation. Revêts-moi de justice et de force pour le salut de ton Nom.

Bénis notre mariage ; éloigne toute occasion de discorde entre nous et toute manœuvre de l'ennemi pour attiser les tensions et les conflits.

Apprends à chacun de nous la confiance en toi et en tes ordonnances. Aménage toute chose : que notre maison soit empreinte de la paix que procure ton Esprit.

Je te suis reconnaissant de nous avoir montré la bonté et la véra-cité de tes voies.

Merci d'être le Prince de la paix.

Dans le Nom du Christ, amen.

33

*Ne vous livrez pas à l'amour de l'argent ;
contentez-vous de ce que vous avez.*

Hébreux 13:5

Seigneur, ta loi est parfaite et conduit l'âme à la conversion. Ton témoignage est pur et rempli de sagesse. Tu es le défenseur de celui qui se confie en toi.

Je suis, chaque jour, criblé de messages qui voudraient me con- vaincre que ce que j'ai n'est pas suffisant, que j'ai besoin de plus pour mon bonheur et ma satisfaction. Fais-moi la grâce d'être sourd à leur voix et étranger à l'envie de posséder ce que les autres acquièrent. Apprends-moi à trouver l'accomplissement et la plénitude en toi plutôt que dans un désir croissant de nouveaux profits, de nouveaux biens ou d'une nouvelle maison. Montre-moi ce qu'est le véritable contentement.

Merci de nous aider, mon épouse et moi-même, à être unis dans la gestion de nos ressources, de nos moyens financiers. Ne nous laisse pas être oublieux de ce qui t'honore dans ce domaine : que nous soyons toujours honnêtes et ouverts l'un envers l'autre. Fais que nous sachions contrôler nos désirs et garde-nous de courir après tout et n'importe quoi. Prodigue, bien plutôt, la reconnaissance et le contentement au sein de notre famille.

Merci de pourvoir à nos besoins, à ce qui nous est réellement nécessaire, et montre-nous aussi ce qui ne l'est pas. Merci d'être source d'équilibre et de cohérence dans ce monde insensé.

Dans le saint Nom de Jésus, amen.

34

O Dieu ! crée en moi un cœur pur, renouvelle en moi un esprit bien disposé.

PSAUME 51:10

Notre Père qui es aux Cieux, c'est toi notre divin Rédempteur. Tu as rejoint notre terrestre condition pour sauver l'humanité par ta main puissante. Nul amour ne pourra jamais égaler ton œuvre.

Je me sens accablé, submergé par ma faute. Le péché m'environne sans cesse. Je lutte. Je combats. Et pourtant je vacille et je tombe. Trop souvent. De grâce, pardonne-moi. Tu connais, mieux que moi-même, mon cœur et ses aspirations. Renouvelle mes forces et purifie-moi ; que je sois animé d'un nouveau zèle à te servir.

Permets que ma famille se souvienne, aujourd'hui, que tu es celui qui restaure l'âme et qui panse les blessures. Montre à chacun, une fois encore, qu'il n'y a pas de honte ou de préjudice à s'approcher de toi pour implorer ton pardon.

Merci de la joie que tu éprouves à réconcilier ton peuple.

Je te suis reconnaissant de pouvoir te servir, toi, Seigneur, dont l'amour ne faiblit jamais et ce, malgré le nombre de nos transgressions.

Dans le Nom de ton Fils, amen.

Prières pour la paternité et la joie

35

Voici, des fils sont un héritage de l'Éternel, Le fruit des entrailles est une récompense.

Psaume 127:3

Dieu tout puissant, ton amour est sans mesure. Il est à ce point insondable que tu as toi-même donné ton seul et unique Fils pour qu'il expie nos fautes et qu'il meure à la croix pour moi et ma famille.

Je m'inquiète souvent pour mes enfants et pour ma capacité à être un bon père pour eux. Je les aime tellement, tout en désirant le meilleur pour chacun d'entre eux, et néanmoins, je ne peux m'empêcher, parfois, de douter de moi-même et de mes compétences parentales. Prodigue en moi la grâce alors que je m'efforce de faire de mon mieux. Donne-moi la sagesse ainsi que le discernement. La confiance dans les décisions que je prends pour eux.

Sois avec mon épouse aujourd'hui et assiste-la dans son amour et dans le soin qu'elle apporte à nos enfants. Donne-lui un éclairage particulier dans ce qui lui incombe aujourd'hui, et la sagesse nécessaire pour chaque chose.

Merci pour la joie incomparable d'être le père que je suis pour les enfants qu'ils sont. Merci Seigneur de les aimer d'un amour qui dépasse tout l'amour dont je suis capable.

Au Nom du Christ, amen.

36

Et ces commandements, que je te donne aujourd'hui, seront dans ton cœur. Tu les inculqueras à tes enfants, et tu en parleras quand tu seras dans ta maison, quand tu iras en voyage, quand tu te coucheras et quand tu te lèveras.

Deutéronome 6:6–7

Dieu, tu as fait les cieux et la terre ; c'est toi le Créateur tout puissant. À toi la louange et l'honneur.

Remplis-moi de ton esprit et de tes pensées. Aide-moi à communiquer ta Parole et tes ordonnances à mes enfants. Fais que mes pensées et nos conversations en famille soient davantage tournées vers toi, afin que nous apprenions davantage à ton sujet. Apprends-moi à donner à mes enfants l'exemple d'un homme de Dieu. Qu'il puissent ainsi être encouragés à te suivre.

Étends ta main, Seigneur, et touche leur cœur. Ouvre-les, et renouvelle, en eux, l'entendement nécessaire à l'écoute de ta Parole. Balaie, je te prie, tout obstacle que l'ennemi pourrait dresser sur leur route.

Merci pour l'amour de mes enfants et pour le privilège de participer à leur éducation. Je te suis reconnaissant des opportunités qui me sont données quotidiennement pour leur parler de toi.

Au Nom de Jésus, amen.

37

Une réponse douce calme la fureur,
Mais une parole dure excite la colère.

PROVERBES 15:1

Notre Père qui es aux cieux, tu es Celui qui souffle à nos oreilles ce doux murmure et dont la Parole porte, en même temps, la puissance de la vie éternelle. La majesté de tes voies m'émerveille.

Je dis parfois des choses à mes enfants que je suis amené à regretter par la suite. Ne permets pas que je minimise l'impact de ces paroles dans leur vie et pardonne-moi. Répare le tort, je t'en prie. Garde mes pensées ainsi que mes paroles afin qu'elles édifient et encouragent mes enfants plutôt que le contraire.

Assouplis mon cœur et ma façon de m'exprimer.

Aujourd'hui, redonne courage à mes enfants. Affermis leur esprit. Bénis-les par tes encouragements et fortifie-les par la joie de t'appartenir et par une profonde révérence envers toi. Que l'amabilité et la gentillesse imprègnent notre foyer.

Merci de m'apprendre à maîtriser ma langue et donne-moi un réel désir de cultiver l'esprit de mes enfants dans la douceur. Je te suis tellement reconnaissant de me les avoir confiés.

Dans le Nom de ton Fils, amen.

38

Soyez bons les uns envers les autres, compatissants, vous pardonnant réciproquement, comme Dieu vous a pardonné en Christ..

Ephésiens 4:32

Père, tu es un Dieu rempli de miséricorde et d'amour. Tu es notre justice et notre rédemption. Tu traites toute chose selon l'équité et la compassion pour ton peuple.

Enseigne-moi à pardonner tel que toi tu pardonnes, et apprends-moi la grâce, la miséricorde envers mon épouse et mes enfants, selon ton modèle. Aide-moi à être un père que ses enfants approchent sans craindre de réactions inappropriées. Affermis notre amour les uns pour les autres et celui que nous te portons.

Travaille également dans le cœur de mes enfants pour qu'ils soient prompts à la repentance. Aide-nous à être ouverts et honnêtes dans nos relations. Guide-nous, selon ton exemple, lorsque nous sommes blessés ou dans l'erreur.

Je te suis reconnaissant pour la miséricorde et la grâce dispensées dans nos vies. Merci de nous conduire sans cesse à toi et de rendre un véritable pardon possible entre nous.

Au Nom de Jésus, amen.

39

*Que le Dieu de l'espérance vous remplisse de toute joie et de toute paix
dans la foi,
pour que vous abondiez en espérance,
par la puissance du Saint-Esprit !*

ROMAINS 15:13

Père céleste, c'est toi qui transformes notre deuil en allégresse et nos défaites en cris de joie. Tu es celui qui amène un rafraîchissement durable à ton peuple.

Même si les motifs de réjouissance sont nombreux en toi, trop souvent je reste focalisé sur les aspects négatifs et les zones d'ombre de mon existence. Remplis-moi tout à nouveau de la paix, de la joie et de la reconnaissance liées à tes bénédictions. Apprends-moi à profiter de l'existence et à prendre plaisir à la vie que tu m'as donnée.

Ma famille a besoin de ta présence et de ta constance. Lorsque mes enfants seront plus grands, qu'ils puissent se souvenir d'une enfance et d'un foyer remplis de rires et de bonne humeur. Qu'ils puissent trouver la joie indépendamment des circonstances.

Merci pour le don de la joie et du bonheur de vivre, ainsi que pour tous les plaisirs associés au fait d'être ton enfant.

Au Nom de Jésus, amen.

40

*Réjouissez-vous toujours dans le Seigneur ;
je le répète, réjouissez-vous.*

PHILIPPIENS 4:4

Créateur du ciel et de la terre, ton regard s'étend du commencement jusquà la fin. tu nous as créés pour être avec toi pour l'éternité. Puissions-nous louer ton nom à jamais.

Je désire rester centré sur toi et sur le plaisir d'être à tes côtés pour toujours. Ne permets pas que l'ennemi obscurcisse mes pensées ni qu'il éloigne de moi la joie ineffable de me savoir enfant de Dieu. Aide-moi plutôt à garder mes regards et ma réflexion sur l'éternité qui m'attend avec toi.

Chemine avec ma famille aujourd'hui et à jamais. Apprends-leur à apprécier tes nombeuses bénédictions, à y prendre plaisir. Qu'ils sachent qu'ils sont entre tes mains, jour après jour, et jusqu'à la fin des temps. Merci pour ton salut et pour l'amour que tu portes à ma famille. Merci de répandre ton Esprit en nous et de nous donner aujourd'hui un aperçu – même infime – de ce que sera l'éternité en ta grâce.

Au Nom du Christ, amen.

À propos de Max Lucado

Plus de 120 millions de lecteurs ont puisé inspiration et encouragement dans les écrits de Max Lucado. Il vit en compagnie de sa femme, Denalyn, et de leur coquin de chien, Andy, à San Antonio au Texas, où il se met au service des membres de *Oak Hills Church*. Visitez son site Web sur *MaxLucado.com* ou suivez-le sur *Twitter.com/MaxLucado* et *Facebook.com/MaxLucado*.

À propos de Mark Mynheir

Mark Mynheir, ancien marine, ancien officier de police, a servi dans une brigade des stupéfiants, a été membre d'une unité d'élite S.W.AT et enquêteur spécialisé en matière d'homicides. Mark a aussi trouvé le temps d'écrire, puisqu'il est l'auteur de cinq romans et de plusieurs articles de revues (www.copwriter.com). Il est marié depuis plus de vingt-cinq ans à Lori, l'amour de sa vie, et tous deux élèvent trois prodigieux enfants répondant aux noms de Chris, Shannon et Justin.

À propos de Thierry Ostrini

(Traducteur des prières)

Thierry OSTRINI est à l'origine du groupe EXO et à l'initiative de plusieurs autres projets qui lui valent, aujourd'hui, d'être une « plume » – au sein du monde francophone – reconnue et appréciée par beaucoup. Il a non seulement participé à l'adaptation et à la traduction du plusieurs albums, mais a également signé quelques textes (livres, préfaces, accroches ou rédactions, concepts ou répertoires, etc.) ainsi que des enseignements sur l'écriture et la composition. "Au commencement était la Parole, se plaît-il à souligner, il n'y a pas de raison que ça s'arrête..."

Thierry vit en Alsace et travaille au sein d'une église locale dans le domaine de la musique, de l'écriture et de l'enseignement. Il poursuit « la quête » textuelle et « traque » le verbe au quotidien. À suivre.

www.iCharacter.eu

Prières de Poche pour les amis

Certains amis sont plus proches de nous que des frères. Ils tissent leur chemin à travers les hauts et les bas de notre vie, pour en célébrer les « hauts » et nous réconforter dans les « bas ». Mais il est si facile d'oublier de leur dire combien nous les apprécions...
Ces quarante prières simples guideront les amis vers des relations plus étroites, plus stimulantes, un gage de joie et de sérénité dans toutes les saisons de l'existence.

ISBN 978-1-63474-003-6
www.iCharacter.eu

Prières de Poche pour les Mamans

Constamment, les enfants s'appuient sur elle : pour se sentir compris, être aidés avec leurs devoirs, être consolés d'un bobo… Nul n'est mieux placé qu'une maman pour savoir à quel point la vie quotidienne peut devenir prenante, voire pesante…
Où trouveront-elles donc la paix et le repos au milieu de la confusion ? Ces quarante prières toutes simples les guideront à la Source de toute espérance et de toute force, pour leur apporter la paix et le repos en toutes circonstances.

ISBN 978-1-63474-006-7
www.iCharacter.eu

www.ingramcontent.com/pod-product-compliance
Lightning Source LLC
Chambersburg PA
CBHW081500070526
44586CB00019B/2432